**böhlau**Wien

Susanne Pauser
Wolfgang Ritschl
Harald Havas

# Faserschmeichler, Fönfrisuren und die Ölkrise

Das Bilderbuch der siebziger Jahre

Böhlau Wien · Köln · Weimar

Die Deutsche Bibliothek – CIP-Einheitsaufnahme
Ein Titeldatensatz für diese Publikation ist bei
Der Deutschen Bibliothek erhältlich

ISBN 3-205-99201-6

Das Werk ist urheberrechtlich geschützt. Die dadurch begründeten Rechte, insbesondere die der Übersetzung, des Nachdruckes, der Entnahme von Abbildungen, der Funksendung, der Wiedergabe auf photomechanischem oder ähnlichem Wege und der Speicherung in Datenverarbeitungsanlagen, bleiben, auch bei nur auszugsweiser Verwertung, vorbehalten.

Umschlaggestaltung: Andreas Burghardt

Satz, Layout: Michael Rauscher

© 2000 by Böhlau Verlag Ges. m. b. H. und Co. KG, Wien · Köln · Weimar

Gedruckt auf umweltfreundlichem, chlor- und säurefreiem Papier.

Druck: Imprint, Ljubljana

# Einleitung

„Weißt du noch?"

Mit dieser Frage hat es im Herbst 1997 begonnen. Ein paar sentimentale Gemüter fanden sich in meiner Internetnewsgroup „30jährige" (www.blackbox.net/wickie) zusammen, um mit mir per e-mail unsere Kindheit in den siebziger Jahren im Geiste wiederauferstehen zu lassen. Aus den Tausenden schönen Erinnerungen, die wir auf diese Weise gesammelt hatten, entstand schließlich im Frühjahr 1999 das Buch „Wickie, Slime und Paiper" – ein Erinnerungsalbum für unsere Generation. Was dann passierte, hat uns Autoren – 48 an der Zahl – völlig überrascht. Wir durften die wunderbare Erfahrung machen, daß wir unsere höchst subjektiven Erinnerungen, die wir wie Mosaiksteinchen zusammengetragen hatten, mit vielen tausenden Menschen unseres Alters teilen. Die große Begeisterung, mit der unsere nostalgischen Ergüsse aufgenommen wurde, zieht seither weite Kreise. Das Buch wurde ein Bestseller, die als musikalische Ergänzung erschienenen Musik-CDs wurden ebenfalls „vergoldet", eine Ausstellung mit Artefakten aus den Siebzigern lockte mehr als 20.000 Besucher an, die Highlights des Buches gingen als kabarettistische Lesung auf Österreich-Tournee und Tausende Besucher stürmen regelmäßig die „Wickie, Slime und Paiper"-Clubbings.

Es scheint, als ob unsere Generation sich erstmals als Kollektiv empfindet – nun, da wir endgültig „erwachsen" sind und uns das Recht auf Retrospektive erworben haben. Das gemeinsame Erinnern an Dinge, die wir bisher für persönliche, singuläre Eindrücke gehalten haben, verschafft eine große Befriedigung und erhebt Emotionen in den Rang des Offiziellen. Ein häufig geäußerter Wunsch war „mehr Bildmaterial, bitte!" Und so haben wir uns gemeinsam mit dem Böhlau Verlag entschlossen, dem Buch „Wickie, Slime und Paiper" einen reichhaltigen Bildband nachfolgen zu lassen. Wir konnten der Versuchung nicht widerstehen, einen kleinen Gimmick einzubauen, und so haben wir im Gedanken an die kindliche Freude am Sammeln und Kleben einige Bilder im Kapitel „Köpfe" ausgespart, die (aber bitte sorgfältig!) mit dem beiliegenden Klebebogen ergänzt werden müssen.

Ich danke meinen beiden Mitherausgebern Harald Havas und Wolfgang Ritschl, die mit viel Gespür und Freude an der Materie in allen möglichen und unmöglichen Quellen nach Bildern gesucht und eine – wie ich meine – herrliche Auswahl getroffen haben. Mein ganz besonderer Dank gilt „meinen Dreißigjährigen", meinen lieben Freundinnen und Freunden aus der Online-Community – Sabine, Andreas, Stefan, Nicole, Silvio, Johannes, Ulli, Dagmar, Heidrun, Moni, Robert und vielen anderen –, die mit ihren lebhaften Erinnerungen, ihrer vergnüglichen Erzählweise und ihrem Engagement in der Newsgroup mir und Tausenden „Mitlesern" viel Freude bereitet haben.

Susanne Pauser<br>Wien, im März 2000

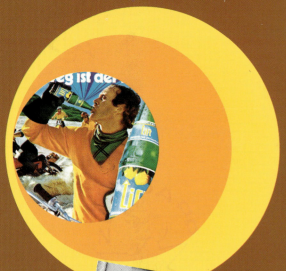

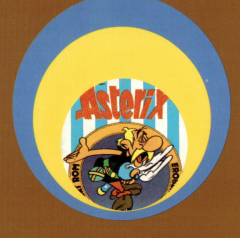

# Alltag

Milka in der Rolle mit der Quaste ... und die Riesen-Nöm-Mix ... in irrsinnig vielen Geschmacksrichtungen! Und Pez gab es nicht nur in den Figuren, sindern einmal auch als Pez-Pistole, die Zuckerln rausgeschossen hat!

Eisbombe Hawai – das gab´s einmal auf meinen ausdrücklichen Wunsch zu meinem Geburtstag, das war eine ganz besondere Sache …

Draculino!! Den gab´s ja nur ein Jahr lang … *schnüff*

Das Enterprise-Eis hieß dann plötzlich „Commander" … wahrscheinlich aus rechtlichen Gründen … und diese Eisfrüchte hatten dann viele Autofahrer auf ihren Antennen stecken!

Zitronenlift und Kräuterlift, die konnte man bei uns im Schülerhort bei der Hortleiterin kaufen … um 5 Schilling! Die Flasche hatte am Hals so kreisförmige Einbuchtungen …

Die ersten Getränkedosen waren eine Sensation! Die abgerissenen Laschen hat man gesammelt, entweder um sie an einer Sicherheitsnadel als Schmuck an der Jeansjacke zu tragen, oder um später damit herumzuschießen. Später wurde dann wegen der Verletzungsgefahr beim Trinken der öde Sicherheitsverschluß eingeführt …

Ich hatte ja schon _eigene_ Schulbücher, also solche, die gratis per Schulbuchaktion ausgeteilt wurden … Da gab es dann auch Arbeitsbücher zum Anschreiben, ein Tabubruch für meine Mutter! War immer ein netter Schultag, als die neuen Bücher ausgeteilt wurden. Und am Abend kam dann das Unangenehme: das ewige In-Folie-Einpacken!

Bei uns wurden nicht die Bücher, sondern nur die Gutscheine ausgeteilt. Das dauerte dann immer Wochen, bis alle sämtliche Bücher von den verschiedenen Buchhandlungen zusammengetragen hatten. Und wenn man einen neuen Lehrer bekam, wechselte meistens auch die Schulbuchserie … In Geschichte und Mathematik z. B. habe ich fast aus jedem Jahr ein anderes Schulbuch!

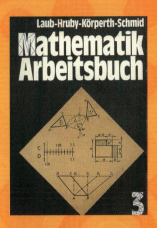

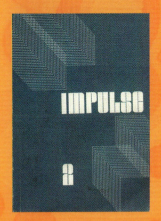

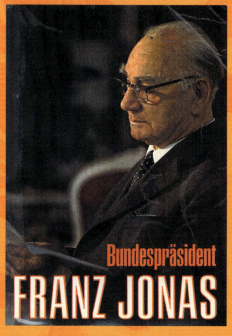

Franz Jonas – der hing in jedem Schulzimmer. Dann das Staatsbegräbnis! Und ...
... ziemlich langsam wurde er durch Kirchschlägerbilder ersetzt ...

Ich hatte von jeder Bank ein Sparbuch. Damit bin ich dann am Weltspartag von Filiale zu Filiale gezogen, und habe für ein paar Schilling Einlage die Weltspartaggeschenke einkassiert :-)
Später gab es bei der Z monatlich ein Spargeschenk – klar, daß ich dann, als meine Mutter mich dazu brachte, bei einer Bank zu bleiben, mich für die Zentralsparkasse entschieden habe!

Der erste Schultag – ich hatte eine Riesen-schultüte, oben mit blauem Tüll verschlos-sen, die habe ich ein ganzes Jahr lang auf-bewahrt ...

... Und ich bekam die ganze Volksschulzeit hindurch zu jedem Schulbeginn eine Schul-tüte – beim Eintritt ins Gymnasium wurde mir dann erklärt, ich sei schon zu „er-wachsen" für sowas :-(

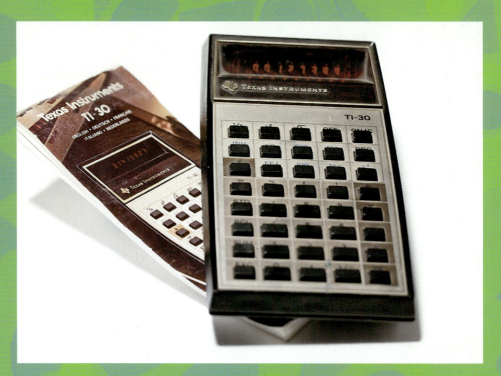

Auf meinem Texas Instruments konnte ich mit den Ziffern das Wort ESEL schreiben – allerdings seitenverkehrt ... und im Batteriefach war ur-viel Platz für Schummelzettel ;-)

Mit diesem pastellfarbenen Mädchen-Kitsch-Romantik-Briefpapieren wurde bei uns gedealt wie irre. Das beliebteste Motiv: Pferde *würg*

Sarah Kay ... schweigen wir darüber ... Wachsmalkreiden von Mona Lisa, Buntstifte von Jolly, Filzis von Kreuzer und Wasserfarben von Pelikan hatten als Marken damals einen Status wie heute Nike oder DocMartens ...

Pixi-Bücher! Davon hatte ich etliche Schuhschachteln voll! Meine Mutter stellte mich immer vor die Alternative: Schokolade oder Pixibuch. Meistens hab ich mich klugerweise für das Pixi entschieden …

Habt ihr das gewußt? Die Maus vom Mars wurde ursprünglich anläßlich eines Schreibwettbewerbs von einem Kind erfunden! Ins TV kam sie erst später.

Dschi-Dschei kannte ich zuerst ja nur aus dem Radio, dann hatte ich auch das Buch. Ich kann es stellenweise noch heute auswendig.

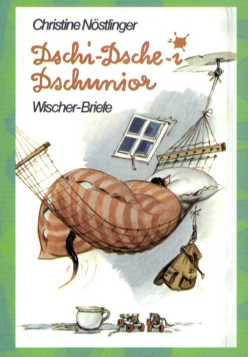

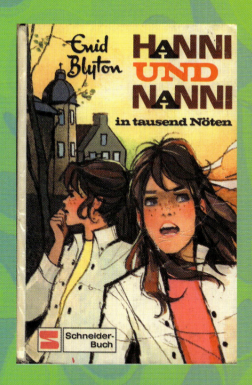
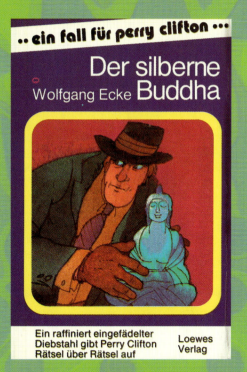

Hanni und Nanni war so ziemlich das einzige Buch aus meiner Leihbücherei, das ich mir als kleines Mädchen nie ausgeliehen habe. Die waren mir total unsympathisch! – Ich dagegen hab als glühender Enid-Blyton-Fan sogar diese Serie gelesen, wahrscheinlich als einziger Bub in der Klasse :-)

Damals gab es ja auch eine ganze Welle von Krimis für Kinder – Fünf Freunde, Drei ???, Wolfgang Ecke, und die Taschenbuchserie „Little Krimi" von Überreuter.

Die Stanisläuse sind immer noch Kult. Hab die meinen Kindern auch gekauft. Alle.

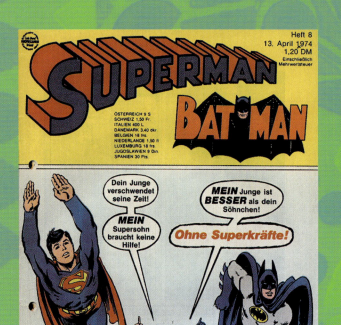

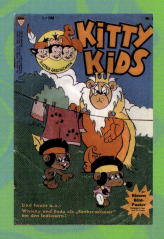

Damals gab es ja noch unglaublich viele verschiedene Comichefte in der Trafik. Für ein paar Schilling konnte man sich so in Ermangelung von Videotheken und Satellitenfernsehen die verschiedensten Abenteuer und komischen Geschichten ins Haus holen. Natürlich hat dann auch der Tauschhandel unter Freunden und in der Schule floriert!

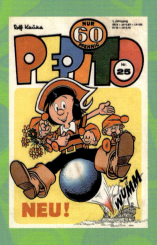

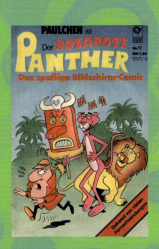

Kinderhörspiele! Immer und immer wieder anhören – bis man sie auswendig konnte. Am besten auf langen Autofahrten mit genervten Eltern ;-)

Die Posters aus BRAVO kamen mit Pattex an die Wand (die Spuren sind bis heute zu sehen), und die kleineren Fotos und Berichte wurden ausgeschnitten und in selbstgestaltete Fan-Alben (sprich: alte Schulhefte) eingeklebt.

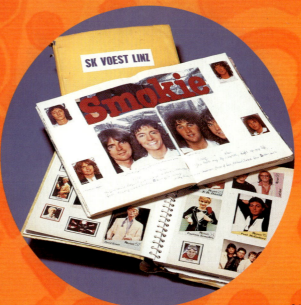

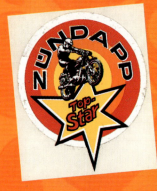

Alles was klebte, mußte man irgendwo ankleben. Es war wie ein Zwang. Ganz gleich, was auf einem Pickerl drauf war. Auf diese Weise war mein Zimmer bald übersät mit den diversesten Aufklebern, manchmal sogar Pro und Contra derselben Sache auf einer Kastentür ;-) –

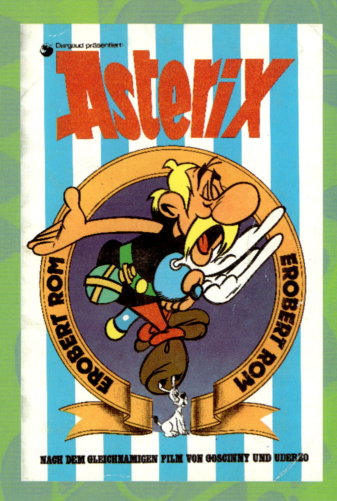

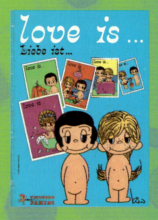

Ich habe eigentlich mehr Sammelalben gesammelt als Pickerln für ein Sammelalbum. Beim ersten Pickerlkauf einer neuen Serie bekam man das Sammelheft meistens gratis dazu. Klar, daß ich dann von den meisten Serien keine weiteren Sackerln mehr erstanden habe – schon allein aus Taschengeld-Budget-Knappheit …

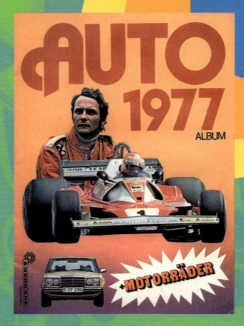
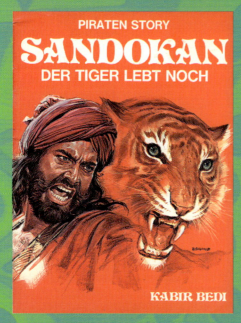
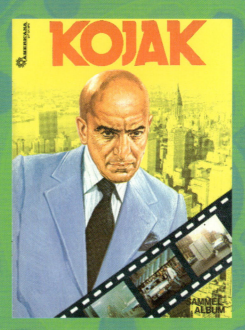

Ich hatte auch ein Album mit Blumen und Früchten, wenn man an den Bildern gekratzt hat, konnte man das Abgebildete riechen! „Scratch'n'Sniff" war überhaupt total in – es gab auch Aufkleber und sogar Rubbel-Duft-T-Shirts, die aber nach jeder Wäsche weniger gerochen haben …

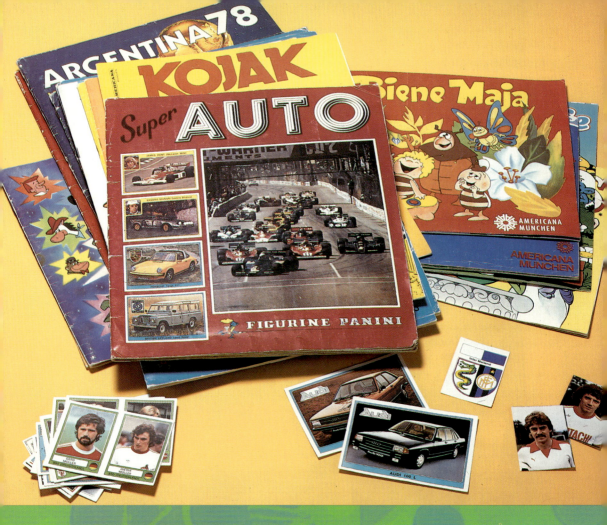

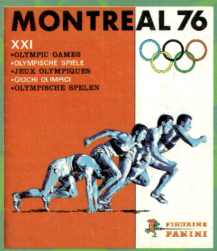

Blöd war es, wenn man irgendein Sammelalbum als einziger hatte – da war nix mit Tauschen … Genial war es aber bei den Olympischen Spielen, als alle dasselbe sammelten, dann gab es in den Pausen Massenaufläufe und Dutzende neue Bekanntschaften wurden geschlossen.

Ein Zauberkasten war lange mein Traum – ich hab dann allerdings, als ich ihn endlich bekam, sämtliche Teile in Rekordzeit verstreut und nie wieder gefunden ...
– Ich dagegen war eine Zeit lang relativ begabt als Aushilfs-Houdini, mit einigen Tricks konnte ich sogar die Erwachsenen verblüffen – was für ein Triumph!

Billiges Spielzeug oder das Werbegeschenk aus Plastik kam in den Seventies auch massenweise auf und wurde damit nebenbei für alle erschwinglich!

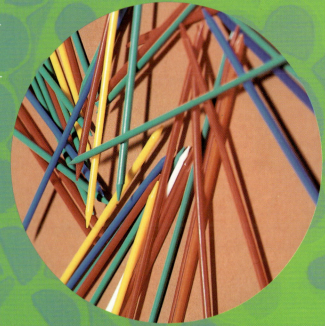

Memory war jahrelang ein Dauerbrenner, da war ich ziemlich gut, Master Mind dagegen war nur kurz modern, dafür aber _das_ Kultspiel! Mir fehlte dazu ja die Geduld.

Supertrumpf-Quartette! Egal ob Loks, Flugzeuge, Sportwagen oder Frachtschiffe – Hauptsache man hatte mehr PS, km/h oder Bruttoregistertonnen ;-)

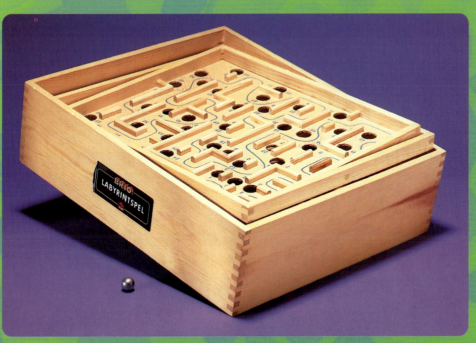

Die allerersten Legofiguren bestanden zum Großteil noch aus normalen quadratischen Grundbausteinen. Später, etwa bei Fabuland, wurden sie zu richtigen stabilen Maxerln, die man auch nicht mehr auseinanderbasteln konnte, wie bei Playmobil. Die heutigen kann man wiederum gut zerlegen.

Mon-chi-chi, die Daumenlutscher-Äffchen! Bei uns in der Schule hatte man Mini-Versionen, die man an den Kragen der Jeansjacke klemmen konnte.

Barbapapas aus Plüsch hab ich leider nicht gehabt! Die haben fast genauso ausgeschaut wie die Faserschmeichler, die es eine Zeit lang zu gewinnen oder zu kaufen gab. Ich war mehr als einmal in Versuchung, die rosa Sofa-Flausch-Decke meiner Mutter zu zerschneiden und einen selbst zu basteln ...

Ballerina-Barbie, Schlummerle und die Sprechpuppe – das war das Standard-Equipment an Puppen in einem gut ausgestatteten Mädchenkinderzimmer ;-)

Warum sehen die Fotoalben aus den Siebzigern in allen Familien gleich aus??? Hatten wirklich alle dieselben Frisuren, dieselben Autos, dieselben Schianzüge (und den selben Rotstich nach dem Entwickeln?)

Die Badehaubenpflicht war ein Horror! Da halfen auch die großen Gummiblüten nicht, die ich mit Vorliebe von der Badehaube meiner Mutter gepflückt habe ;-))

Fotografiert wurde ja nur zu besonderen Anlässen – Urlaub, Weihnachten, Geburtstag, Fasching, Ostern, erster Schultag ... die Ausarbeitung von Filmen war ziemlich teuer. Da wurden dann nach Silvester die Bilder eines ganzen Jahres entwickelt, die auf einem einzigen Film drauf waren ...

Die „Wünsch dir was"-Familien aus Deutschland, Österreich und der Schweiz waren ja das totale Klischee: Vater, Mutter, Tochter und Sohn, alle adrett, und nett – so wie „es sich gehört …" – und gerade ein bißchen modern.

10

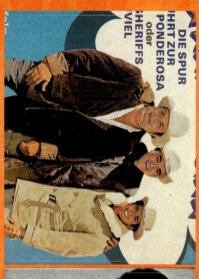

7

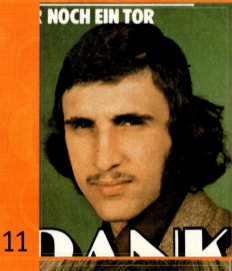

11

8

12

9

4

1

5

2

6

3

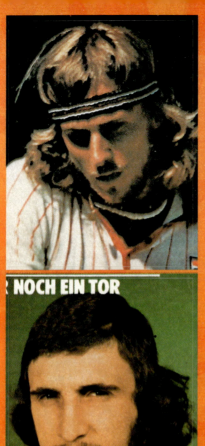

10

7

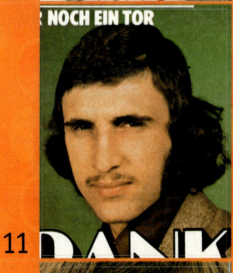

11

8

12

9

4

1

5

2

6

3

Urlaubsreisen wurden zum Massenphänomen. Besonders ins Ausland. Und da mittlerweile jeder mit dem eigenen Auto fuhr, entstanden auch die ersten Staus der Urlauberkolonnen. Als Gegenbewegung versuchte man dann, die Leute auch mit ausführlicher Österreichwerbung im Land zu halten. Slogans wie „In der Wiese liegen und mit der Seele baumeln", „Urlaub bei Freunden" und „Das grüne Herz Österreichs" wurden so geboren ...

# Der Komfort moderner Geschirrspülautomaten macht sich mehrfach bezahlt.

Erstens durch mehr Freizeit, die Ihnen für Ihre Familie bleibt. Zweitens durch die wirtschaftliche Energienutzung, vorausgesetzt, daß Ihr Gerät mit Sparprogrammen für kleinere Mengen oder nur leicht verschmutztes Geschirr ausgestattet ist. Und drittens, weil Sie nicht nur Ihre Nerven, sondern auch Ihre Hände schonen.

Die Möglichkeit, unter mehreren Programmen wählen zu können, ist Voraussetzung für wirtschaftliches Automatik-Spülen.

Echte Sparprogramme senken den Verbrauch an Spülmittel, Strom und Wasser erheblich.

Große Teller und Töpfe finden nur in Geräten mit entsprechender Nutzhöhe Platz. Am besten bewähren sich verstellbare Spülroste.

Eine Revolution war der Geschirrspüler! Den gab es erst mal nur in den Besserverdiener-Haushalten. Die ersten Modelle machten einen Krach wie ein Rasenmäher ...

## Krups. Spezialist für Elektro-Kleingeräte.
## Haargenau richtig für die Haarpflege zu Haus...

...zum Beispiel:
**Krups Thermic 550.**
**Neu!** Der einzige Haartrockner mit ausfahrbarer Formdüse. Leicht. Klein. Handlich. 550 Watt.

...zum Beispiel:
**Krups Thermic Chic.**
16,5 Liter Luft pro Sekunde sorgen für mühelose Haarpflege. 800 Watt.

...zum Beispiel:
**Krups Thermic Jet.**
Super-leistungsstark. Für schnelle, schonende sanfte Haarpflege. 1200 Watt.

...zum Beispiel:
**Krups Thermic Styler Set.**
Mit komplettem Styling-Zubehör. Zum Trocknen, Formen, Glätten, Sprayen und Auffrischen – einer für alles. 800 Watt.

...zum Beispiel:
**Krups Dampffrisierstab F 3.**
Mit Dampfsprüheinrichtung für einen besonders dauerhaften Halt der Haarformung.

**KRUPS**
Technik mit Komfort

### Dekor B

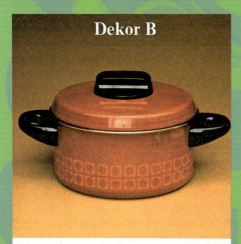

### Form 2

Alles orange! Und alles Plastik!

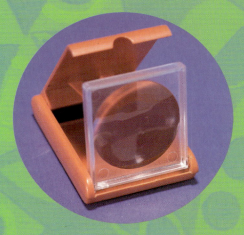

Ein Zigarettenanzünder, der mit Sonnenenergie funktioniert – die perfekte Symbiose aus neuem Ökobewußtsein und alten Lastern ;-)

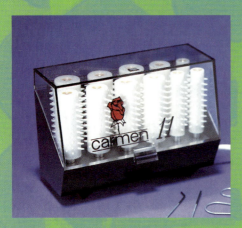

Beheizbare Lockenwickler – welch Sensation! Hat sich meine Mutter immer eingedreht, und ich durfte dann mit den lauwarmen Wicklern noch eine Weile spielen. Faszinierend!

„Liebe ist …" hat einen verfolgt bis ins Badezimmer. Die spielten in derselben Liga wie Mordillo und Snoopy.

Waschmittelwerbung hat fast ein Drittel des Werbeblocks eingenommen. Klementine, der Persil-Mann, die Faserschmeichler, Tilly von Palmolive und die Promisportler mit ihren schmutzigen Dressen hoben den Unterhaltungswert der Werbespots enorm an!

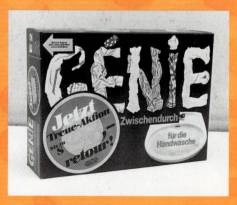

„… wir schmeicheln und schmeicheln und schmiegen uns an, und an der Wäsche spüren Sie's dann!" Remember? Die Faserschmeichler von Silan? Süß ;-)

Nackte und halbnackte Menschen auf Covern von Nachrichtenmagazinen waren damals eine echte Provokation!

In „Hobby" ging es nicht ausschließlich nur um Technik und Autos, sondern oft auch um die Zukunft. Wie die sich damals das Jahr 2000 vorgestellt haben, mit atomkraftbetriebenen Autos oder Schwebegleitern für die ganze Familie, ist heute natürlich total witzig :-)))

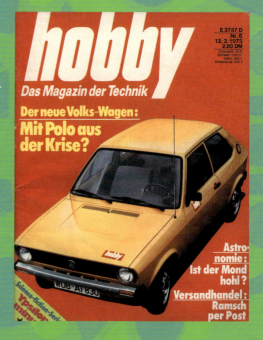

Prinzessin Anne und ihre Hochzeit war wochenlang Thema Nr. 1.
Sind die beiden eigentlich noch zusammen? Wär ein Wunder ;-)

Super-8-Kamera, Videorekorder, Farbfernseher – das war der Beginn der technischen und elektronischen Aufrüstung aller Haushalte.

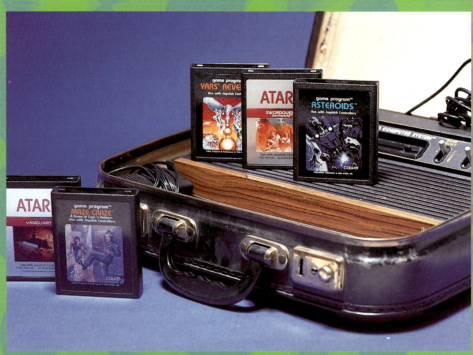

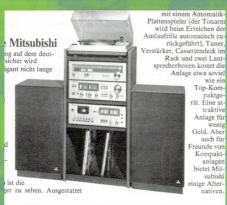

Atari 2600 war das erste Kassetten-Videospiel von akzeptabler Qualität, trotzdem konnte sich auch das Philips G 7000-System durch bessere Werbung lange halten. Ähnlich wie bei VHS-Videorekordern, die sich bis heute gegen die besseren Video 2000 und Beta durchgesetzt haben.

# Köpfe

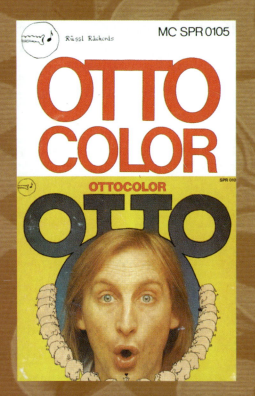

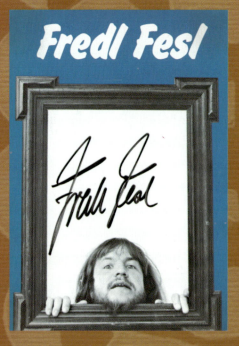

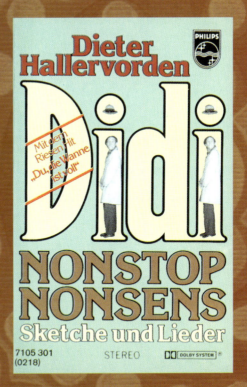

Otto, Didi Hallervorden, Mike Krüger … das waren _die_ Comedy Stars von damals. Und der gesamte deutsche Sprachraum lachte über dieselben Witze. Ich konnte ganze Passagen von Otto-Platten wie „Der menschliche Körper" („Großhirn an Kleinhirn …") mit allen Stimmen auswendig rezitieren! Ein großer Trumpf in der sozialen Interaktion am Pausenhof ;-)

Elvis lebte noch, Michael Jackson war noch braun und Baccara konnten als spanisches Duo durchgehen, obwohl sie zu 1000 Prozent von einer Münchner Musikproduktion erfunden wurden … So ähnlich wie Boney M.
„Yes Sir, I can Boogie" hat übrigens einen total witzigen Text … aber da bin ich erst vor kurzem draufgekommen ;-)

Die Boney M.-Single „Hooray, hooray, it´s a holi-holiday!" haben wir damals tausendmal auf einem kleinen batteriegetriebenen Plastikplattenspieler – rot und in Schildkrötenform (!) – gehört. Das war in der Volksschule unsere Hymne.

64

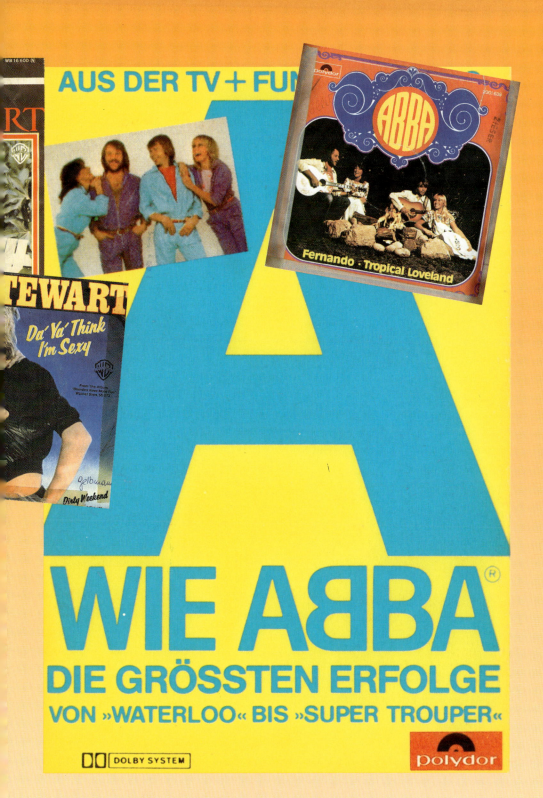

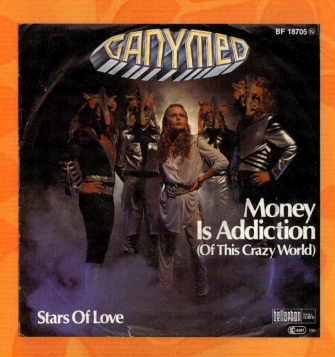

Ganymed! Eine österreichische Disco-Formation mit Gummi-Alienmasken. Unglaublich, aber wahr!

Die oft witzigen Chansons von Reinhard Mey waren vor der Dialektwelle die einzigen irgendwie akzeptablen deutschen Songs.
Danzer, Ambros & Co. brachten dann aber eine echte Revolution. Sozialkritische und aufmüpfige Texte im verpönten „Unterschichtslang", damit konnte man in den 70ern tatsächlich noch viele Leute schockieren.

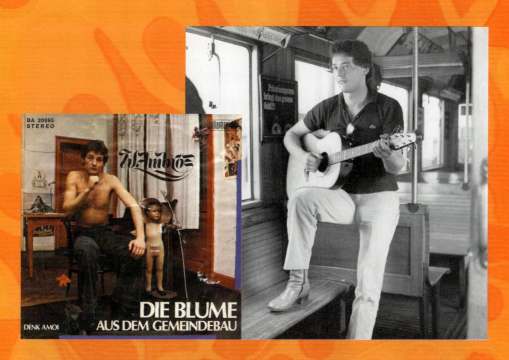

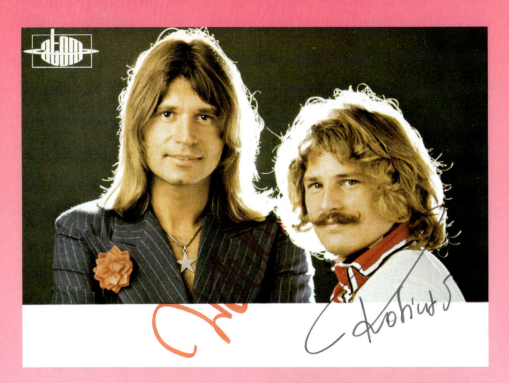

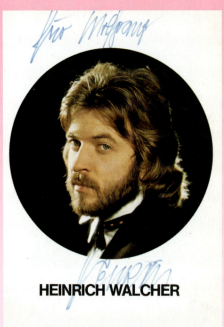

**HEINRICH WALCHER**

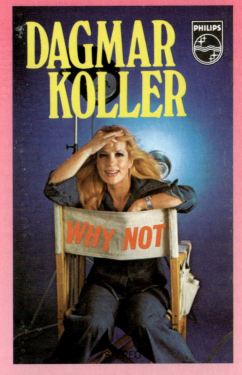

Also bei manchen Erinnerungen an die Musik der 70er weiß ich echt nicht, ob ich lieber lachen, mich nostalgisch freuen oder mich doch lieber magenkrümmend in eine Ecke verkriechen soll ... ;-)

Neben US- und GB-Importen sowie den wenigen akzeptablen heimischen Produktionen waren die Italo-Songs und -Schnulzen echte Dauerbrenner in der Hitparade. („Tornerò" kennt ja auch heute noch jedes Kind – Dank Grissemann und Stermanns „Salon Helga")

Katastrophenfilme! Der Renner in den 70ern. Egal ob Hochhausbrände, Erdbeben, Flugzeugabstürze oder Filmmonster. Ob das wohl irgendwie mit dem Klima der Aufrüstung und des Kalten Krieges zu tun hatte?

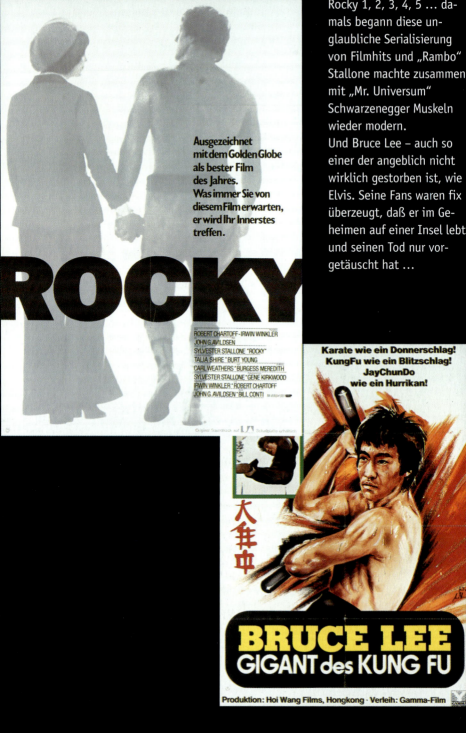

Rocky 1, 2, 3, 4, 5 ... damals begann diese unglaubliche Serialisierung von Filmhits und „Rambo" Stallone machte zusammen mit „Mr. Universum" Schwarzenegger Muskeln wieder modern.
Und Bruce Lee – auch so einer der angeblich nicht wirklich gestorben ist, wie Elvis. Seine Fans waren fix überzeugt, daß er im Geheimen auf einer Insel lebt und seinen Tod nur vorgetäuscht hat ...

Mit dem Auftauchen von dem weißen Plastikhai begann vor allem der unaufhaltsame Aufstieg von Steven Spielberg zum Kino-Mogul.

„Mandingo", noch so ein Skandal: Sklaven als Thema wie bei „Roots" und dann noch jede Menge Sex, ts, ts … ;-)

Kult, Kunst und Philosophie im Film anno dazumal: Existentialismus mit Weltraumcomputern und Transzendenz mit Möven auf der beginnenden Eso-Welle

Die 70er ernteten die Früchte der sexuellen Revolution (und auch Frustration) von 1968: zum ersten Mal konnte man erotische Details, aber auch zwischenmenschliche Abgründe abendfüllend mit aller Deutlichkeit und in leinwandsprengenden Close-ups auswälzen

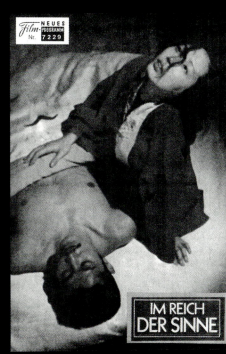

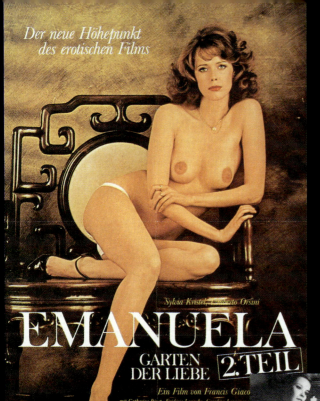

Wegen des beigen Hintergrunds des Sessels auf dem Poster von „Emanuela 2" hat das für mich so ausgesehen, als hätte sie einen riesigen Hintern ;-)
David Hamiltons Schmalzbrotlinse, softer Sado-Maso-Sex Marke „Geschichte der O" – das war die Erotik der 70er ...

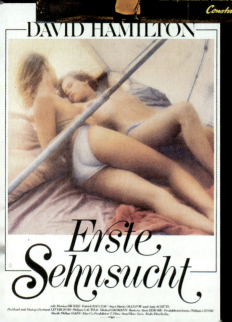

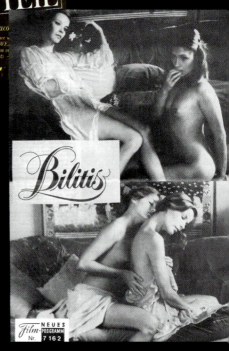

„Grease" ein 70er-Jahre-Film über die 50er Jahre war der absolute Kult – mit allen Liedern in der deutschen und Originalversion gleichzeitig in der Hitparade. – Dabei fällt mir „Bugsy Malone" ein! Ein Gangster-Musical über das Chicago der 30er Jahre – ausschließlich mit Kindern besetzt – unter anderem Jodie Foster. Und alles, Häuser, Autos, Bars war im Größenverhältnis der Kids gebaut! Ziemlich schräg.

Von der „Rocky Horror Picture Show" gibt es ja eine Fortsetzung – „Shock Treatment" mit Richard O'Brien und Barry „Dame Edna" Humphries aber ohne Tim Curry und Susan Sarandon. Den kennt aber so gut wie niemand. In Wien lief der damals genau eine Woche im Kino ;-)

An den Abba-Film kann ich mich gar nicht erinnern. Aber vor kurzem war der im Fernsehen – sehr seltsam. Eine Mischung aus Dokumentation und Spielfilm. Fast so schräg wie die alten Beatles-Filme.

Und die Teenie-Romantik-Komödien à la „Her mit den kleinen Engländerinnen" (Cola-Flasche in der Hose!) – da wurden pubertäre Liebesträume wahr ... Ein bißchen voyeuristischer ging's dann bei „Eis am Stil" zu. Das war aber auch erst ab 16 ...

noch viel öfter im Kino gefunden: Louis de Funès, Pierre Richard und das geniale und tabu-brechende „Ein Käfig voller Narren", die erste subtile Darstellung von Homosexuellen – und das in einer grellen Komödie!

Terence Hill (der mit den blondgefärbten Haaren und den blauen Kontaktlinsen) und Bud Spencer waren damals eigentlich schon ziemlich „uncool". Kaum jemand hat zugegeben, daß er sich die Filme angeschaut hat, obwohl sich jeder wenigstens ab und zu über die Slapstick-Prügelorgien der beiden zerkugelte.

Belmondo, einer der ersten „häßlichen" Filmstars, mutierte in den 70ern vom Charakterdarsteller zum Dauer-Comedy-Action-Schauspieler.

Im Kinderfernsehen dominierten damals zum Teil noch die tschechischen und polnischen Puppentrickfilme. Meistens Märchen. Eine Besonderheit war „Pan Tau", der geheimnisvolle Magier, der als Mensch so aussah wie Loriot und sich mit einem magischen Ritual verwandeln konnte: in eine Puppentrickfigur Marke Ostblock ;-)

Heinz Conrads gab's Samstag abends im Fernsehen, Sonntag morgens sehr früh im Radio, und dann noch viermal pro Jahr in einer eigenen Show. Irgendwie war er mir aber immer unsympathisch, trotz oder gerade wegen seines charmant-jovialen „Servas die Buam". ((Aber immerhin hab ich durch ihn die ganzen Hermann Leopoldi Lieder („Schnucki, ach Schnucki, fahr' ma nach Kentucky") zum ersten Mal gehört.))

Ursprünglich wollte der ORF ja die „Sesamstraße" für Österreich einkaufen. Aber dann hat man sich doch zur Eigenproduktion von „Am Dam Des" entschlossen. Ob das die richtige Entscheidung war?

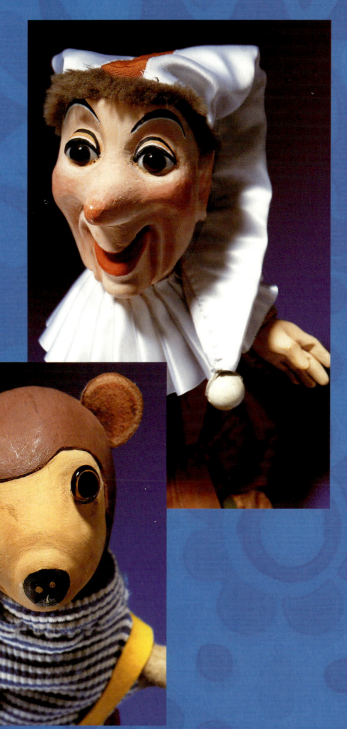

**13. September DONNERSTAG**

### 17.25 FS 1
### Pan Tau

Alfons, der schon von klein auf vom Fliegen und für Fesselballons schwärmte, war vor 30 Jahren von zu Hause weggelaufen, weil er seinem Bruder drei Murmeln schuldig war oder die 20 Mark, die er eigentlich beim Klavierlehrer abgeben sollte, für andere Dinge ausgegeben hatte.

Nach langer Irrfahrt war Alfons auf einer einsamen Insel gelandet. Pan Taus Ankunft bedeutet das Ende seines geruhsamen Lebens.

Bringt Unruhe auf Alfons' einsame Insel: Ota Simánek

Kasimir verstößt Karoline: Elisabeth Danihelka, Heinz Marecek

### 20.00 FS 1
### Kasimir und Karoline

„Neben Gschichten aus dem Wiener Wald" und „Glaube Liebe Hoffnung" ist „Kasimir und Karoline" das wichtigste unter Ödön von Horvaths Volksstücken. Uraufgeführt wurde es 1932 im Schauspielhaus Leipzig. Dies ist eine Aufzeichnung der Aufführung aus dem Theater in der Josefstadt unter Regisseur Fritz Zecha.

Zwanzigstes Jahrhundert, zwanziger Jahre. Weltwirtschaftskrise, Inflation, Arbeitslosigkeit. Vor der melancholischen und zugleich aufdringlichen Kulisse des Münchner Oktoberfestes spielt sich eine kleine, alltägliche Tragödie ab. Kasimir ist arbeitslos und verbittert und stößt Karoline, die noch an ihm hängt, zurück. Die beiden trennen sich.

Mit Karoline geht es scheinbar aufwärts, zumindest redet sie es sich ein. Kasimir sucht Zuflucht bei Erna, deren Freund ins Gefängnis mußte.

### 20.00 FS 2
### In Ihrem Interesse

Viele Radiohörer haben seine sonore Stimme noch von den Nachrichtenjournalen im Ohr. Nun wurde Dr. Hellmuth Bock, der ehemalige Chefredakteur des Aktuellen Dienstes, dazu auserkoren, die neue TV-Service-Sendung „In Ihrem Interesse" zu präsentieren.

Die Zuschriften waren zahlreich. Aus der Flut der Seherprobleme wurden neun markante Fälle aus den verschiedensten Themenkreisen ausgesucht.

Präsentator von „In Ihrem Interesse": Hellmuth Bock

## AUSLANDS-TV

**ARD**
16.10 Tagesschau
17.00 1000 und eine Meile. Komm mit in die Eifel
17.50 Tagesschau
20.00 Tagesschau
20.15 Die Fernsehdiskussion
21.15 Clownpower. Film
22.30 Tagesthemen
23.00 Eine Odyssee
23.45 Hey Joe. Fernsehspiel
0.10 Tagesschau

**ZDF**
17.00 Heute
17.10 Wickie und die starken Männer...... übers Ohr gehauen
17.40 Die Drehscheibe
18.20 Wie erziehe ich meinen Vater. Die Sache mit Frau Hagenau
19.00 Heute
19.30 Der große Preis. Heiteres Spiel für gescheite Leute
20.50 Die große Hilfe. Bilanz der Aktion Sorgenkind
21.00 Heute-Journal
21.20 Die Bonner Runde
22.20 Unversöhnliche Erinnerungen. Dokumentarfilm
23.50 Heute

**3. Programm Bayern**
18.45 Bayern heute
18.55 BR aktuell
19.00 Das Geheimnis des Kupferbechers (2). Fernsehfilm in vier Teilen
19.55 Der 7. Sinn
20.00 Bayernreport. Heute mit Sozialpolitik
20.30 BR aktuell
20.35 Ich will die acht weißen Lipizzaner dressieren. Porträt des Schauspielers Hans Clarins
21.20 Schaukelstuhl
22.05 Ihr Auftritt, Al Mundy. Champagner für die Damen
22.55 BR aktuell

**Schweiz**
17.00 Das Spielhaus
17.30 3. Hoffnungen in der Stadt
18.00 Astronomie. Wissenschaft und Hobby
18.30 Follow me
18.45 De Tag isch vergange
18.50 Tagesschau
19.05 Serienfilm
19.35 Blickpunkt
20.00 Tagesschau
20.25 Der eiserne Gustav (4). Fernsehfilm in sieben Teilen
21.20 Rundschau
22.05 Tagesschau
22.20 Fotografie als Kunst – Kunst als Fotografie
23.05 Programmvorschau

## FS 1

9.00 Am, dam, des

9.30 Les Gammas! Les Gammas! (2) (Wh.)

*10.00 Gesicht der Jahrhunderte (1)

10.30–12.05 Die Affäre
(Wh. vom 11. 9. 1979)
Besinnlich-dramatische Liebesgeschichte
Mit Jeanne Moreau, Julian Negulesco, Didi Perego u. a.

17.00 Am, dam, des (Wh.)

17.25 Pan Tau

17.55 Betthupferl

18.00 Bitte zu Tisch

18.25 ORF heute

18.30 Wir

19.00 Österreichbild

19.30 Zeit im Bild 1
mit Kultur und Sport

20.00 Kasimir und Karoline
Volksstück von Ödön von Horvath
Mit Heinz Marecek, Elisabeth Danihelka, Erik Frey, Jochen Brockmann, Rudolf Rösner, Willibald Mayerhofer, Ludwig Hirsch u. a.
Aufzeichnung einer Aufführung aus dem Theater in der Josefstadt

21.45 Nachrichten und Sport

## FS 2

18.00 Russisch

18.25 ORF heute

18.30 Ohne Maulkorb
(Wh. am 16. 9. 1979, 21.55, FS 2)

19.30 Paul und Virginie (10) (Wh.)

20.00 In Ihrem Interesse
Der ORF berät, unterstützt, hilft

21.30 Zeit im Bild 2 mit Kultur

22.05 Club 2

---

Bevor Sie einen LKW mieten, sehen Sie sich unsere bis jetzt konkurrenzlosen Preise an.

**AUTO HIN, KALAL HER**

VW-Kasten 290.–, 2.90
VW-Bus 310.–, 3.10
bis 3,5 t 425.–, 4.25
bis 5,5 t 630.–, 6.30

Zentrale: 1030 Wien, Telefon 72 35 33, 72 53 60, 1220 Wien, Telefon 23 75 37, Graz, (993) 91 22 40

---

Nur wenige Stunden Fernsehen pro Tag! Und Sendeschluß, meistens lange vor Mitternacht – wie konnten wir damals überhaupt so existieren!?    ;-)

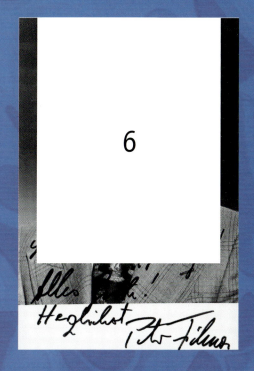

# 6

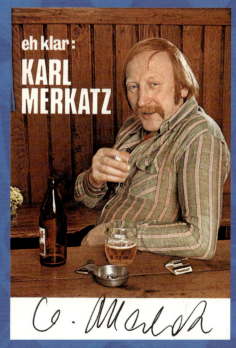

Peter Fichna hat ja angeblich in seinen Nachrichtenansagen Codes an seine Mutter versteckt. Je nachdem, welche Hand er gehoben hat, wußte seine Mutter, ob sie gleich das Essen aufstellen kann oder ob der Sohnemann noch länger brauchen würde.

„Quiz 21" – das war noch eine Fernseh-Quizshow mit bescheidenen Mitteln. Dafür aber mit umso schwereren Fragen.

„Made in Austria" war ja schon ein Eighties-Programm, konnte seine Seventies-Wurzeln („Wer dreimal lügt" starring Günter Tolar) aber nie ganz verleugnen.

„Wünsch dir was" – das war überhaupt DIE Sensation!
Mit dem versenkten Auto, der Transparentbluse, Stargästen wie dem spanischen Granden Don Jaime ... Arik Brauer sang dort erstmals öffentlich eines seiner Dialekt-Protestlieder. Und überhaupt Dietmar Schönherr und Vivi Bach mit ihrem süßen dänischen Akzent und den turmhohen Frisuren
*seufz*

Freundliche Abendunterhaltung mit Familiengütesiegel: „Dalli Dalli", „Was bin ich" und „Am laufenden Band" mit Rudi Carrell, wo die ganze Nation miträtselte und sich jeder ausrechnete, was er selbst gewonnen hätte!

Kulenkampff war einfach so nett und souverän! Immer mit dem Butler und seiner Assistentin Gabi. Dann gab es da auch immer noch so kurze Spielszenen, mit Kuli in verschiedenen historischen Rollen, wie z. B. als Sir Isaac Newton. Und am Anfang hielt er immer eine kurze Rede, manchmal sogar mit politischen Statements.

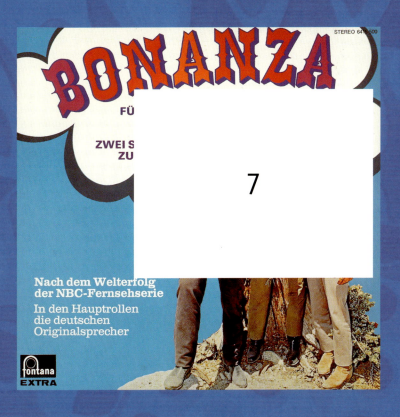

„Bonanza" mit der brennenden Landkarte am Anfang und den zwei bis drei verwaisten Cartwright-Brüdern war der TV-Dauerbrenner schlechthin. Damals ist mir dabei gar nicht aufgefallen, daß die meisten Szenen im Studio gedreht wurden und die Bäume und Berge im Hintergrund einfach nur gemalt waren!

Raimund „Kartoffelquetscher" Harmstorf war ja eine Zeit lang auch auf Pferderücken statt auf hoher See unterwegs.

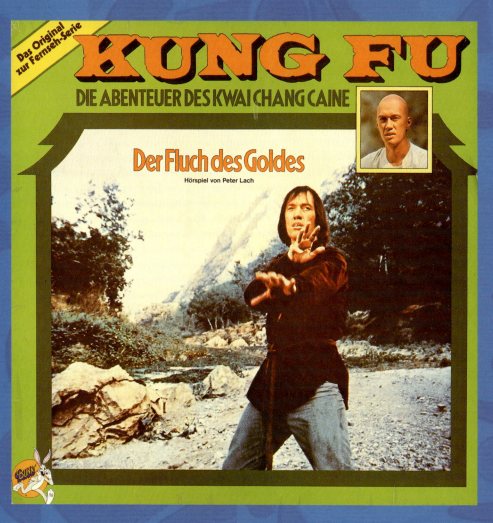

Die ganze „Kung Fu"-Welle damals ... mit Bruce Lee im Kino, dem Hit im Radio und dem Herrn Kwai Chang Caine im Fernsehen. Der gab neben Schlägen auch immer östliche Weisheiten von sich, obwohl der Schauspieler eigentlich nicht einmal ansatzweise so aussah wie ein Chinese ;-)

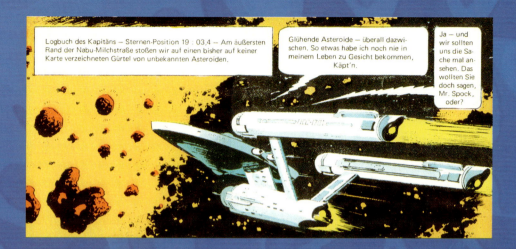

„Raumschiff Enterprise" mit Captain Kirk und Co. – _der_ US-Hit der Sixties – kam im deutschen Sprachraum erst in den 70er Jahren ins Fernsehen. „UFO" war auch ziemlich kultig. Auf „Raumbasis Alpha", das schon viel früher im deutschen Fernsehen lief, warteten wir SF-Hungrigen aber ewig. Dabei war die Serie eh ziemlicher Schrott, wie wir schließlich herausfanden, als es dann endlich doch im ORF ausgestrahlt wurde, Und „Mork vom Ork" mit Robin Williams schaffte es überhaupt nie bis nach Österreich …

Was mich an den „Straßen von San Francisco" am meisten beeindruckt hat, war die Tatsache, daß Karl Malden aus Österreich stammte – und natürlich die Autoverfolgungsjagden über Berg und Tal ;-)

23. Oktober **MONTAG**

Department S: Peter Wyngarde, Rosemary Nichols

**20.15 FS 1
Department S**

Mit einem verzwickten Spionagefall hat diesmal das Team von „Department S", angeführt von Jason King, eine schwere Aufgabe zu lösen. Anthony James Harvey und Andrew Heywood, Antiquitätenhändler, spielen in einem Agentenring eine große Rolle. Department S versucht zwar, diesen Männern Fallen zu stellen, stößt jedoch immer wieder auf ebenso raffinierte Gegenmaßnahmen.

Sounds of Towns: Straßensänger in Kopenhagen

**21.05 FS 2
Sound of Towns**

...ist der Titel des dänischen Beitrags zum Festival von Montreux. Er handelt von Straßenmusikanten, die heute bereits selten geworden sind. Nur in einigen Großstädten sind sie noch anzutreffen. So etwa in London, wo es noch rund 400 Sänger gibt; aber auch in Paris und Kopenhagen gehört der wandernde Musikus zum Bild der Stadt. In Kopenhagen erlangten einige sogar Berühmtheit wie etwa die Brüder Mundeling. In Wien gibt es kaum noch Straßenmusikanten.

## RADIO

### Ö 1

6.12 J. Strauß, Komzak, Lehár
6.52 Österreichwoche 1972
6.55 Morgenbetrachtung
7.00 Morgenjournal
7.30 Vivaldi, Bach
8.05 Fremdspr. Nachrichten
8.15 Haydn, Cimarosa
9.03 Kammermusik: Purcell
9.30 Heiteres von: Dvorak
10.03 Österr. Musik des 20. Jahrhunderts
11.03 Mozart, Schubert
12.00 Mittagsjournal
13.00 Alte Musik: Lully, Telemann
14.03 Roman. Peter verläßt das Paradies
14.15 Forscher zu Gast
14.30 Opern von Verdi
15.00 Problematik der Entwicklungsländer
15.30 Welt der Wirtschaft
15.45 Meta. Erzählung
16.03 Lieben Sie Klassik?
17.10 Aus der Christenheit
17.45 Kulturberichte
18.03 Mozart, Schostakowitsch
18.45 Abendjournal
19.30 Rendezvous mit Österreich
20.00 Weltmusikfest
22.10 Salzburger Nachtstudio

### Ö Regional

5.05 Für Frühaufsteher
6.00 Morgengymnastik
6.05 Bunte Morgenmelodie
6.27 Bauernfunk
6.35 Musik und gute Tips
6.45 Landesnachrichten
7.00 Musikmosaik
8.05 Besuch am Montag
9.00 Schulfunk, China
10.00 La vie citadine ou rurale?
10.15 Woche im Schulfunk
10.30 Edgar Alan Poe
10.45 Schulfunk
11.03 Von der Alm, da san ma ganga
11.20 Der Landfunk
11.30 Kleines Kunterbunt
11.45 Aufstührer unterwegs
12.05 Landesrundschau
13.30 Niederösterreichkommentar
13.45 Kroatische Lyrik
14.00 Von Note zu Note
14.30 Burgenlandmagazin
15.00 Wunschkonzert
16.00 Das politische Buch
16.15 Frauenfunk
16.20 Kinderfunk
17.10 Montagmagazin
18.00 Landesrundschau
18.30 Sport, Musik und Tips
18.55 Das Traummännlein
19.05 Zum Thema bitte
20.10 Operettenführer
21.00 Universität Salzburg
21.30 Österr. Musikschaffen
22.10 Sport aus aller Welt

### Ö 3

6.05 Ö-3-Wecker
8.05 Bitte recht freundlich
10.03 Stereostudio
10.30 Big Band Sound
10.30 Folk mit Jack
11.03 Beschwingt um elf
12.00 Mittagsjournal
13.03 Ö-3-Magazin
14.03 Espresso
15.03 Die Musikbox
16.03 The Kinks
17.10 Evergreens
18.03 Gut aufgelegt
19.05 Sport und Musik
19.30 The Village Stompers
20.05 Radio aktiv
21.03 Melodie exklusiv
21.30 Western Saloon
22.10 Treffpunkt Studio 4
23.10 Musik zum Träumen
0.05 Ö-3-Nachtprogramm

## FS 1

18.00 Wissen — aktuell
 Redaktion: Ernst Hilger
18.55 Giraffengeschichten
 Gutenachtsendung für Kinder
18.30 Österreichbild

18.55 Schweinchen Dick
 18. Folge
19.20 ORF heute abend
19.30 Zeit im Bild I
 und Kultur
20.06 Sport
20.15 Department S
 Doppelt oder nichts
 Mit Peter Wyngarde, Joel Fabiani, Rosemary Nicols, Dennis Alaba Peters, Robert Urquhart, Ann Bell u. a.
 Regie: Paul Dickson
21.10 Kleines Ländle — große Sportler
 Direktübertragung aus Dornbirn
 Präsentator: Günther Polanec
22.10 Zeit im Bild II

## FS 2

18.30 Was könnte ich werden? (Wh.)
 Berufe der Landwirtschaft
19.00 Betrifft Gesundheit: Überleben aus der Flasche
 Dieser Film zeigt, wie oft und wie immer Blut übertragen werden muß: Vollblut mit allen Bestandteilen, aber sehr oft auch nur einzelne Bestandteile des Blutes — die verschiedenen Blutkörperchen oder gewisse im Blut enthaltene Eiweißstoffe. Der Film veranschaulicht, wie diese verschiedenen Bestandteile des Blutes gewonnen, aufbereitet, aufbewahrt und in welchen Fällen sie übertragen werden müssen.
19.30 Zeit im Bild I
 und Kultur
20.00 ORF heute abend
20.06 Sport
20.09 Bildung — kurz — aktuell
20.15 Die konservativen Parteien in Westeuropa
 von Alexander Vodopivec
21.05 The Sounds of Towns
 Montreux 72
 Der Festivalbeitrag aus Dänemark von Sten Bramsen
 **TELEREPRISEN:**
21.30 Österreichbild
 (Wh. 23. 10. 1972, I)
21.55 Zeit im Bild I (Wh.)
 und Kultur

## ausland

**ARD:** 17.05: Der Riese und der Fischer — Ein Puppenspiel — Kinderstunde ● 20.15: Panorama — Berichte — Analysen — Meinungen ● 21.00: C'est si bon — Jean Claude Pascal singt Schlager und Chansons ●
**ZDF:** 17.35: Unsere kleine Show — Ein musikalisches Mosaik ● 20.15: Gesundheitsmagazin, Praxis ● 21.00: Mädchen ohne Mitgift — Amerik. Spielfilm mit Ernest Borgnine und Bette Davis.
**Schweizer TV:** 19.00: Unser trautes Heim — Filmserie ● 20.20: Beni und Claudia — Fernsehspiel ● 21.20: Heinz Holliger — Ein Filmporträt ●

**Fernsehen wird schöner mit KURIER-MAGAZIN**

Um den Club 2 ist es ewig schad. Natürlich war er manchmal eher öd, aber „Zur Sache" ist einfach kein adäquater Ersatz …

FORMEL-1-WELTMEISTER NIKI LAUDA

Jochen Rindt, Niki Lauda und James Hunt – das waren Helden! In Begleitung meiner volljährigen Cousine durfte ich einmal bis elf Uhr (!) aufbleiben und James Hunt in einer Diskothek auflauern und ein Autogramm abbetteln (nicht das obige!). Okay, es war vor der Diskothek, saukalt und wenig glamorös.

Björn Borg – damals der wich tigste Schwede neben ABBA und Ingemar Stenmark!

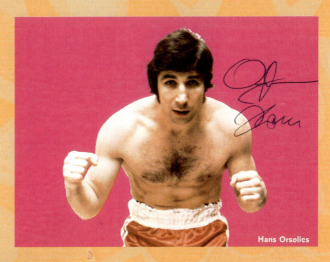

Hans Orsolics

Die begabten Tonkünstler Hans Orsolics und Hans Krankl werden uns genau so wie Edi Finger und sein legendärer Kampfschrei „I wer narrisch!" – wohl auf ewige Zeiten akustisch begleiten.

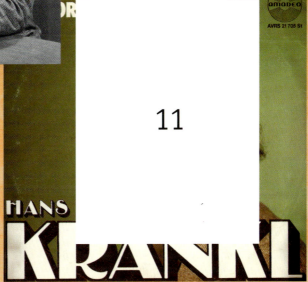

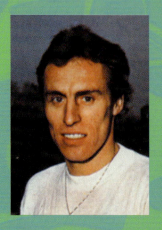

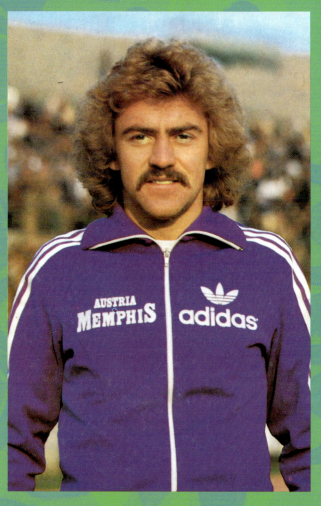

Prohaska, Sara, Pezzey, Krankl, Schachner: Gegen die Herren Ausländer hatten wir damals auch nicht so wirklich Chancen (ja, ja, Cordoba ausgenommen), aber irgendwie war das Spiel selbst besser anzusehen. Ist wahrscheinlich auch nur ein Mythos. Vielleicht wiederholt Eurosport ja in einem Anfall von Anti-Verklärungs-Aufklärung die gesamte WM 78 (alle Spiele!), würde ich mir doch glatt ansehen :-)

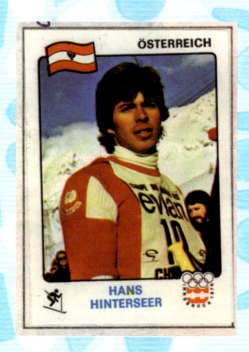

Ich habe immer unter der Küchenuhr Abfahrtshocke trainiert. Unter zwei Minuten war da nichts zu machen, 2:30 war optimal.

Was mir in den heutigen Zeitungen abgeht, sind die Resultatslisten, die man damals selbst ausfüllen mußte (inklusive Zwischenzeit). Bei uns wurde immer doppelt Protokoll geführt, es könnte sich ja einer verhört haben …

# Design

Der sechsrädrige Tyrell – eine Sackgasse der Evolution.

Der Renault Alpina war im Supercar-Quartett zwar nicht der stärkste, aber einer der coolsten Boliden.

Der Bubentraum schlechthin: Porsche Carrera, 210 PS.

Coupé mit 3500 ccm. Nicht gerade Ölkrisen-kompatibel.

Der Allegro leitete den Niedergang der englischen Autoindustrie ein.

Ford Capri 3000: Hatte schon damals keinen perfekten Leumund.

Kleiner Flitzer mit lächerlichen 110 PS: VW-Porsche 914/6.

Rangierte im Quartett unter „Stilstudien": BMW 3.0.

Lotus kannte unsereiner ja nur aus der Formel 1: Der Lotus Europa S 2 kam auf 190 km/h bei bescheidenen 78 PS.

Das ORF-Zentrum am Küniglberg und die UNO-City – in den 70ern der Inbegriff moderner Baukunst ... Und die Eröffnung jeweils ein Volksfest. I was there!

Die WIG 74 war ja ultramodern – mit einem Schuß Münchner Olympia 72. Genial waren die neu asphaltierten Wege am Laaer Berg – ideal zum Rollschuhfahren (es gab ein Leben ohne Skateboarder, jawoll!)

Im Wiener Hilton (zum Eröffnungszeitpunkt das größte Europas) hätte sich auch Jason King wohl gefühlt.

Als sich noch die orangen Kugeln drehten: Günter Domenigs Z-Filiale in der Wiener Favoritenstraße erregte Aufsehen.

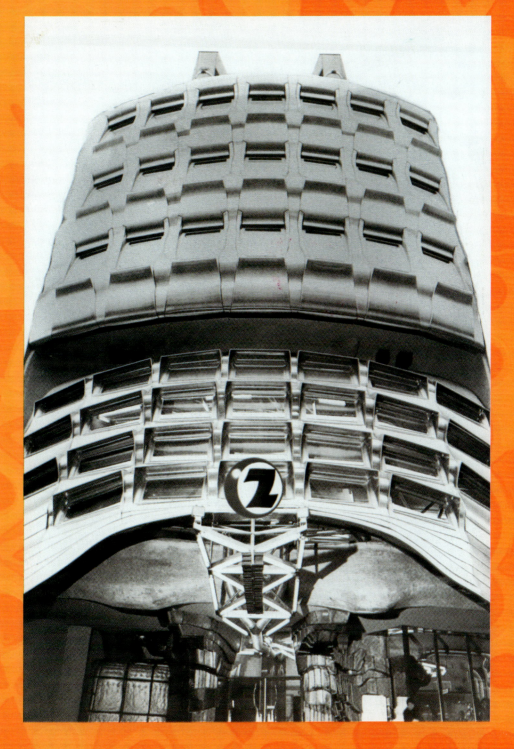

Kornsilos, gelandete UFOs oder doch ein Trogtal? In Alt-Erlaa hatte die Zukunft in den Siebzigern schon begonnen ...

Wohnmode in den Siebzigern – das war mehr als schräg! Abwaschbar, wegklappbar, wunderbar ;-)))

**BARONESS** heißt diese Wenge-Schrankwand von **zeithammer**. Im gleitenden Schrank versteckt das Doppel- oder Einzel-Klappbett. Der Aufklapptisch erschließt dem Raum weitere Funktionen, einmal Eß- oder Arbeitszimmer, einmal Wohnzimmer. Auch dieses vielseitige **zeithammer**-Programm ist in zahlreichen Holzarten lieferbar.

**zeithammer**
**BÜRGT FÜR QUALITÄT**

Wohnwände wie Raumschiffkommandobrücken … mit verstecken Eßtischen und Betten. Wahnsinnig modern.

Flokatiteppiche – damals gabs wohl noch keine Hausstaubmilbenallergie??? Unsaugbar jedenfalls ;-)

Kacheln in grün, rosa, braun, orange – was haben sich Designer _und_ Konsumenten dabei eigentlich gedacht?

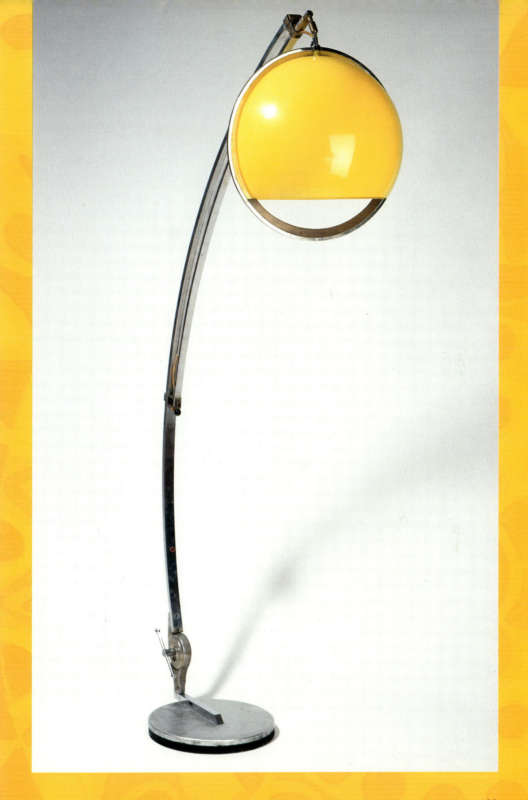

Mein Kinderzimmer war damals komplett in orange und grün. Grüner Teppich, orange bezogene Polstermöbel, auf denen man auch leiwande Burgen bauen konnte. Dazu ein oranger Plastikluster, grün gemusterte Tapeten, und ein ebensolches Bettzeug.

Moderne Beziehungen und modernes Wohnen, das waren Themen. „Raus mit dem 50er-Jahre-Mief aus Gesellschaft und Wohnzimmer" scheint das Motto gewesen zu sein ...

Zu Beginn der 70er waren noch falsche Wimpern angesagt, später griff man eben recht tief in den Farbtopf ... und zum kohlschwarzen Kajalstift.

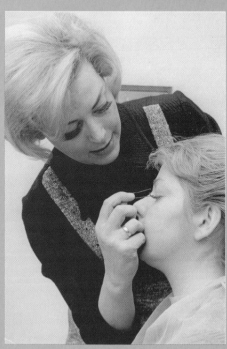

in Safarifarben —
Ein heißer T[ip]
für 1977!

Die Dauerwelle für den Mann ... eine Kompensation der langsam aus der Mode geratenden Koteletten???

Ein T-Shirt macht aus jeder Bluse ein Leichtjäckchen

Diese knitterigen Papierjacken – woraus waren die eigentlich???

Glockenhosenparade! Über Geschmack läßt sich nicht nur nicht streiten, sondern es ist eigentlich auch erstaunlich, wie etwas längere Zeit ganz normal erscheinen kann und kurz darauf völlig grotesk wirkt!

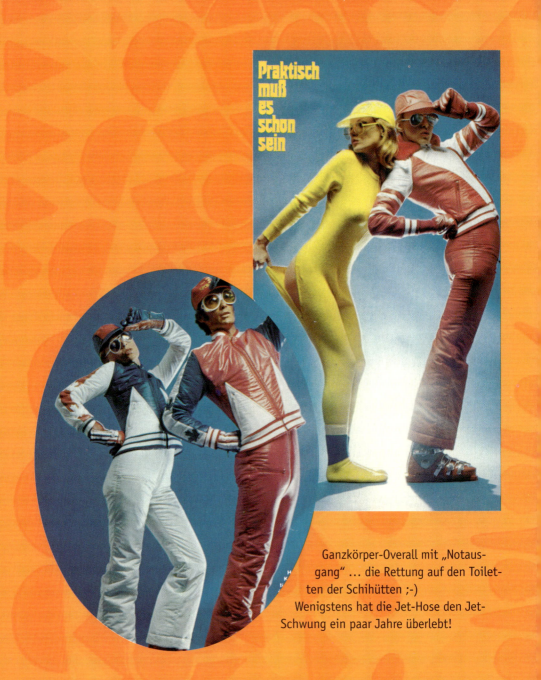

Ganzkörper-Overall mit „Notausgang" ... die Rettung auf den Toiletten der Schihütten ;-)
Wenigstens hat die Jet-Hose den Jet-Schwung ein paar Jahre überlebt!

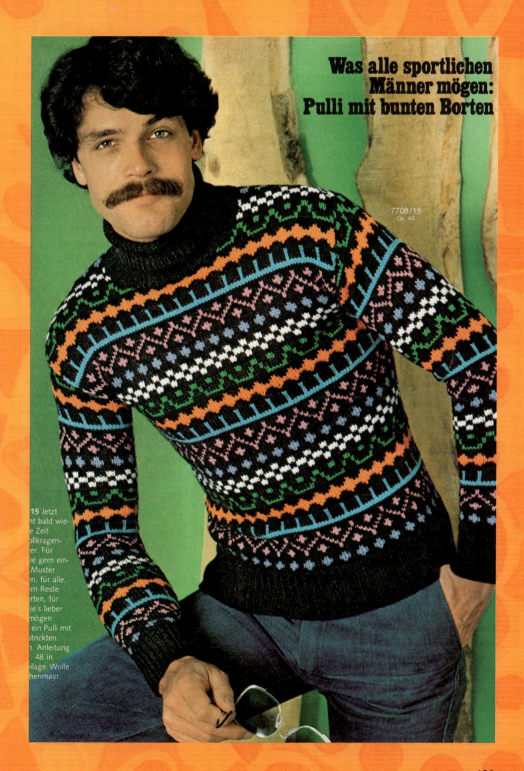

Der Romantik-Look paßte, finde ich, ja überhaupt nicht in diese coole Zeit! Getragen haben diese Stufenröcke, Raff-Hemdchen und so weiter trotzdem alle. In den wahrlich atemberaubendsten Farbkombinationen ;-)

# MODE

Beide standen in dieser Funktion das erstemal vor der Kamera, und beiden machte es ungeheuren Spaß: Dagmar Koller und Samy Molcho photographierten Mode.

Unser neues Mannequin und der frischgebackene Dressmann hatten die Sache so im Griff, daß KURIER-Photograph Fred Riedmann meinte: „Das nächstemal laden wir die Wiener Mannequins ein, damit sie sehen, wie man sich bewegt!"

Nun, wenn auch die beiden Neulinge im Modevorführen waren, was das Sich-Bewegen betrifft, so sind die beiden schließlich Profis! Und Photograph Riedmann, meine Wenigkeit, Atelierkater Bonifatius und gelegentliche neugierige Zuschauer hatten angesichts der zwei Modemarionetten, die aus jeder Aufnahme eine komplette Stummfilmszene zauberten, eine Gratisshow.

Dagmar Koller und Samy Molcho haben übrigens in der kommenden Wintersaison auch beruflich miteinander zu tun: Ab November machen sie eine Tournee durch Österreich, Deutschland und die Schweiz mit „Irma la douce". Dagmar Koller in der Hauptrolle hat als Partner Peter Fröhlich. Samy ist für die Inszenierung zuständig.

Für die blonde Dagmar ist dies das zweite Musical in diesem Jahr: Augenblicklich entzückt sie das Volksopernpublikum in „Karussell". Die Fernseher können sie diese Woche mit Heinz Fischer-Karwin in „Ihr Auftritt, bitte!" plaudern hören.

Für sie bedeutete dieses Engagement eine Art Heimkehr: „Ich war ja schon vor zehn Jahren in der Volksoper, aber da bin ich nur im Ballett herumgehupft. Ständig unglücklich, denn ich fühlte mich zu einer größeren Karriere berufen. Die Ballettmeisterin war mit mir sehr unzufrieden, weil ich beim Üben so unkonzentriert war."

Auch für nächstes Jahr planen Dagmar und Samy Gemeinsames: Dagmar möchte eine „Ein-Frau-Show" gestalten, mit Gesang, Schauspiel und viel Tanz. Und ihr Instruktor soll der Meister der Pantomime, des Ausdrucks sein — eben Samy Molcho.

Diese Show soll in Deutschland starten. Wann? Nun, das hängt wieder von Samy ab — denn er hat im Februar eine Burgtheaterpremiere: Im „Bürger als Edelmann" spielt Samy den Tanzmeister.

Doch der Dagmar wird in der Zwischenzeit sicher nicht fad werden: Sie will ihre dritte Schallplatte machen.

TEXT: LORE KASBAUER
PHOTOS: FRED RIEDMANN

Samy im Glencheck, Dagmar in Flanell - die Hosen sind breit, mit Stulpe

Chaplin-Parodie: Samy mit Breitrevers, Dagmar kariert

Pluderhosen waren zum Glück nur ganz kurze Zeit angesagt. Ob groß, klein, dick oder dünn – damit sah eigentlich jede deppert aus ;-)

# Ferienflirt mit Karos und Rüschen

105
Größe
38–40

Besonders charmant wirkt die einfarbige Bluse 105 zum langen Karorock 107. Nähen Sie sich am besten beide Blusen, dann haben Sie gleich zwei komplette Sommerfestmodelle. Der Gürtel ist bei 105 im Schnitt. Baumwollkrepp: Zell-Schönau; Madraskaro: Louffenmühle.

Dazu: der breite Formgürtel. Er macht eine gute Figur

Hot pants und Stiefel ...
eine heiße Sache!

Häkelponchos und Häkelumhänge – jedes Mädchen hatte das mal als Werkstück im Handarbeitsunterricht ... die Maxiröcke haben sich allerdings nicht durchgesetzt. Damals zumindest.

Tangas waren eine absolute Neuheit und sehr verwegen. Höschen bis über den Nabel waren nämlich noch längere Zeit der Standard. Kann sich heute niemand mehr vorstellen, oder?

# NEUES AUS DEM WÄSCHE-SCHAUFENSTER

① Seidig schimmernder BH mit tiefem Dekolleté. Das unelastisch aufgesetzte Vorderteil stützt und modelliert natürlich und sorgt gleichzeitig für eine gute Büstenteilung. Gr. 70–85, Cup B; Gr. 70–80, Cup C. Dazu ein anschmiegsames Panty mit sanfter Formkraft, Gr. 65–75, in fünf Farben von Ski. ② Zauberhaftes Mieder-Set mit floralem Dessin aus Satin-Stretch. BH Gr. 75–90, Cup B + C; Höschen Gr. 65–80, von Schiesser.

**Jung und beschwingt – bunte Dessous, die viel Tragekomfort bieten**

③ Hauchzart und federleicht: Ein-Größen-BH mit gemoldeten Körbchen. Er paßt sich von Gr. 36 bis 42 allen Proportionen an. Dazu passend ein Slip mit gleichen Eigenschaften. In vielen Farben: Triumph International. ④ Funktioneller „Nahtlos"-BH mit unsichtbarer Formgebung. Er sitzt wie eine zweite Haut und stützt auch den etwas stärkeren Busen. Gr. 70–80, Cup A; Gr. 70–85, Cup B+C, von Playtex. ⑤ Jung und beschwingt ist der transparente Leicht-BH mit apartem Mittelmotiv. BH Gr. 65–75, Cup B, von Schiesser.

April 1977 burda moden

# Zeitgeschehen

Oben ohne im Krapfenwaldbad, Leben in der Kommune und die Arena-Besetzung – Experimente mit Tabubrüchen sorgten für Diskussionen.

Die Beatles waren für mich immer Sixties – und also Elternmusik. Aber John Lennons Tod ging mir dann doch nahe.

Ich habe mit meinem Vater die Kampagne nachgespielt – wir haben uns dafür extra wie auf dem Plakat verkleidet. Könnte man heute eigentlich 1:1 neu auflegen.

Der Karlsplatz war jahrelang ein idealer Abenteuerspielplatz. Von den Fußgänger-Hochbrücken aus Holz ließen sich trefflich die Aushubfahrzeuge beobachten, außerdem wurden die Straßenbahnschienen ständig neu verlegt. Mit der U-Bahn-Eröffnung zog dann oberirdisch fade Normalität ein.

Als 1972 das böse IOC unseren Karl Schranz von Olympia in Sapporo ausschloß, bereitete ihm halb Wien bei seiner Rückkehr einen triumphalen Empfang.

Olympische Sommerspiele München 1972: Terror gegen die israelischen Teilnehmer. Zur Bekämpfung verkleideten sich die Polizisten als Sportler.

Am 1. 8. 1976 stürzte die Reichsbrücke ein, am 30. 6. 1977 wird in Kärnten die erste zweisprachige Ortstafel aufgestellt.

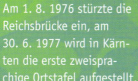

1973: „Seuchenteppich" klang ja irgendwie nach großer weiter Welt – aber „Maul- und Klauenseuche"?

Als wahrer Pickerlsammler – ich war an jeder Tankstelle in der Umgebung bekannt – mußte ich natürlich alle Wochentags-Pickerln haben – inklusive der Sondergenehmigungen. Dabei hatten meine Eltern gar kein Auto :-)

Wir heizten damals mit Kohle und Holz und kamen uns gegenüber den Heizöl-Hamsterern unheimlich fortschrittlich vor.

Ende 1973 wird in Österreich als Benzinsparmaßnahme eine Geschwindigkeitsbeschränkung auf 100 km/h verfügt, wodurch auch Anzahl und Schwere der Verkehrsunfälle zurückgingen. Die Verordnung über einen „autofreien Tag" trat am 14. Januar 1974 in Kraft, am 18. Februar wurde sie wieder aufgehoben. Österreichtypisch erhielten 13% aller Autofahrer – gegen Gebühr – eine „Sondergenehmigung".

1970 war ich ja noch ziemlich jung. Aber daß da etwas Bahnbrechendes passiert war, habe sogar ich mitbekommen. Ganz ohne Demo-Wandertage.

Khomeini machte uns mit dem Begriff „Fundamentalismus" vertraut, Bruno Kreisky bewies uns, daß auch Österreicher in der weiten Welt etwas gelten können.

Androsch war ja einer der ersten Popstars in der Politik. Der jüngste Finanzminister (zumindest bis damals), immer smart und cool. Wir hatten daheim eine Platte, auf der er besungen wurde. Na gut, es ging eher um die Steuererhöhungen, die er zu verantworten hatte, glaube ich zumindest.

Als die Reichsbrücke einstürzte und der Wiener Bürgermeister Poldi Gratz doch nicht zurücktrat (er hatte schon die Türschnalle in der Hand, wurde aber gebeten zu bleiben) gab's eine weitere Version von Ambros' „Zwickts mi": Gratz mi, i man i dram, des derf net woasein, wo samma daham ...

Das AKH geriet in den 80ern zum Inbegriff des Skandals.
Im richtigen Alter hat es Waldheim ja nicht geschafft. Im falschen Alter lief dann bekanntlich irgend etwas falsch. Ich sage nur: Campaign!
Im November beschloß die SPÖ mit ihrer Mehrheit das Gesetz zur Fristenlösung, die „Aktion Leben" leitete dagegen ein Volksbegehren ein.

Kreisky lehnte sich mit seiner Pro-Zwentendorf-Einstellung weit hinaus – und kam dennoch damit durch.

Als im März 1979 im amerikanischen Harrisburg Strahlung freikam, war dies eine traurige Bestätigung für alle NEIN-Stimmen.

Ich selbst durfte ja 1978 noch nicht abstimmen, aber ich habe meine Eltern dazu gebracht, mit NEIN zu stimmen. Und das war auch gut so, denn das Ergebnis war ja denkbar knapp. Schade, daß es damals noch keine Computer-Grafiken gab. Das Kopf-an-Kopf-Rennen der Balken wäre sicher gut rübergekommen.
Die „Atomkraft? Nein Danke"-Badges habe ich in verschiedenen Sprachen gehabt. „Atomove Energie? Ne Dekujeme" ist heute noch das einzige Tschechisch, das ich kann.

# Bildnachweis

Vorbemerkung:

Der Verlag hat sich bemüht, sämtliche Rechteinhaber auszuforschen. Leider ist dies in einigen Fällen trotz intensiver Bemühungen nicht gelungen.

Wir danken folgenden Personen, Firmen und Institutionen für die Erlaubnis zur Verwendung des im Band enthaltenen Bildmaterials:

Amadeo, Wien; Associated Press, Frankfurt; Bellaphon Records, Wien; Camera Press, London; Contrast Photo GmbH., Wien; Egmont Franz Schneider Verlag, München; Emi Austria GesmbH., Wien; Emmy Havas; Filmprogramm- und Kunstverlag, Griechengasse 10, 1010 Wien; First Look, Wien; Foto Kluger, Klosterneuburg; Gabriela Brandenstein, Wien; Henkel Austria, Wien; Internationale Pressebildagentur Votava, Wien; J & V, Edition, Wien; Dachs-Verlag, Wien; Keystone Pressedienst, Hamburg; Keystone Vienna, Austria; Kristian Bisutti, Wien; Kurier-Archiv, Wien; Lili Kolisch; Ljubic Presseagentur, Wien; Loewe Verlag, Bindlach; Michael T. Mysik; Öbv & hpt, Wien; Österreichische Philips Industrie GmbH.; Österreichisches Filmarchiv, Wien; Paul Uccusić, Wien; Peter Seitz, Linz; Polygram, Wien; Pressebilderdienst Kindermann Nachf., Berlin; Pressefoto Friedrich Klinsky, Wien; Pressefoto Gerhard Deutsch, Wien; profil, Wien; Promedia Inc., Thomasville; Renault Österreich; Rex Features Ltd., London; Richard Röder, Wien; Rüssl Musikverlag GmbH, Hamburg; Sokol Grafik & Pressebild, Wien; Sony Music Entertainment (Austria) GesmbH., Wien; Universal, Wien; Verlag Carl Ueberreuter, Wien; Verlag Jungbrunnen, Wien; Warner Music, Austria; Wiener Stadt- und Landesbibliothek; ZDF-Bilderdienst, Mainz; Zeithammer & CoKG, Wien.

# Wickie, Slime und Paiper auf CD

**Am Anfang** stand ein geniales Buch ! "Wickie, Slime und Paiper – Das Erinnerungsalbum für die Kinder der siebziger Jahre" heißt das Werk von Susanne Pauser und Wolfgang Ritschl, das nicht nur eine ganze Generation aufhorchen ließ, sondern auch die österreichischen Sachbuch-Charts wochenlang auf Nummer 1 anführte.

**Die erste, gleichnamige CD** erschien im Juni 1999 (Top 5 der Austria Top 40 Sampler-Charts sowie GOLD-Status seit Dezember 1999) und die ungeheuer starke Nachfrage nach einer zweiten CD hat Sony Music dazu veranlaßt, im November 1999 ein Nachfolge-Album "Volume 2" mit weiteren Highlights einer ganzen Generation zu veröffentlichen. Unter der Mithilfe von Radio Wien und Ö3 Mitarbeitern der ersten Stunde, sowie der ZIB3 Redaktion, der ORF-Ernterprise und verschiedener Plattenlabels ging die zweite CD dieser Serie exakt auf die Wünsche der Wickie, Slime und Paiper Fans ein. Musiknummern, Hörfunk- und Fernsehkennungen, berühmte "Sager" und historische & klassische Werbejingles wurden von zahlreichen Gästen eines Online-Forums (www.blackbox.net/users_corner/30jaehrige) sowie der Wickie-Hompage (www.wickie.at) eingefordert.

**Volume 1** Radiokennung: Hit wähl mit – 656731 • E.L.O. – Don't Bring Me Down • RAM JAM – Black Betty • THE KNACK – My Sharona • DAVID DUNDAS – Jeans On • SAILOR – Girls, Girls, Girls • SMOKIE – Needles & Pins • TINA CHARLES – I Love To Love • GEORG DANZER – Jö schau • WOLFGANG AMBROS – Da Hofa • MIDDLE OF THE ROAD – Chirpy Chirpy Cheep Cheep • LES HUMPHRIES SINGERS – Mexico • HOT BUTTER – Popcorn • JOHNNY WAKELIN – In Zaire • CARL DOUGLAS – Kung Fu Fighting • SANTANA – Samba Pa Ti • UMBERTO TOZZI – Ti Amo • GERRY RAFFERTY – Baker Street • SILVER CONVENTION – Fly Robin Fly • Werbespot: INKU • Werbespot: HUMANIC • Radiokennung: Ö3 Wecker • FRANK ZANDER – Der Ur-Ur-Enkel von Frankenstein • Radiokennung: Dschi Dschei Wischer • Radiokennung: Hitpanorama • Radiokennung: Leute • Radiokennung: Musicbox • Radiokennung: Gedanken • Radiokennung: Musik zum Träumen • Radiokennung: Hit wähl mit – 656731 • LIPPS INC. – Funkytown • LINDA & THE FUNKY BOYS – Shame, Shame, Shame • THE TEENS – Give Me More • KIM CARNES – Bette Davis Eyes • IMAGINATION – Just An Illusion • VISAGE – Fade To Grey • ULTRAVOX – Vienna • CHUZPE – Love Will Tear Us Apart • BLONDIE – Denis • TALKING HEADS – Psychokiller (Live-Version) • THE STRANGLERS – Golden Brown • PAUL YOUNG – Love Of The Common People • NENA – 99 Luftballons • MÜNCHENER FREIHEIT – Ohne Dich • NINA HAGEN – TV Glotzer • Werbespot: JOKA • Werbespot: FASERSCHMEICHLER • TV Betthupferl – Familie Petz • ORCH. E. FRANZEN – Hey, Hey Wickie • ORCH. E. FRANZEN – Mein Onkel vom Mars • Radiokennung: Panoptikum • DAVE BRUBECK – Unsquare Dance • TV-Kennung: Zeit im Bild • ORCH. E. FRANZEN – Wer hat an der Uhr gedreht • Österr. Bundeshymne inkl. Signalton & Rauschen

**Volume 2** Ö3 Pop Shop Kennung • BRYAN FERRY – Let's Stick Together • BACHMAN TURNER OVERDRIVE – You Ain't Seen Nothing Yet • E.L.O. – Confusion • BELLAMY BROTHERS – Let Your Love Flow • SMOKIE – Living Next Door To Alice • DON McLEAN – American Pie • NAZARETH – Love Hurts • THE SWEET – Fox On The Run • IKE & TINA TURNER – Nutbush City Limits • DEEP PURPLE – Smoke On The Water • PLASTIC BERTRAND – Ca plane pour moi • KC & THE SUNSHINE BAND – That's The Way • HOT CHOCOLATE – So You Win Again • BILL WITHERS – Lovely Day • BILLY SWAN – I Can Help • BACCARA – Yes Sir I Can Boogie • BINO ARICO – Mama LEONE • NICKERBOCKER – Puppe • GEORG DANZER – Schau Schatzi • WOLFGANG AMBROS – Zwickts mi • Ö3 Senderkennung • Evergreen • Musik aus dem Trichter • Ö3 Werbung – Ansage • Jamba Fi • Ohne Rauch geht's auch • Primo • Fewa • Ö3 Wecker • Fit mit Ö3 • Traummännlein • Ansage Ö3 Werbung • Tempo mit Franz Klammer • Nogger • Traubisoda kellerkalt • Der Schalldämpfer mit Axel Corti • Vocal, Instrumental, International 1 • Vocal, Instrumental, International 2 • Silvester 79/80 • Mit Ö3 ins Neujahr 1980 • STARS ON 45 – Stars On 45 • BLONDIE – Call Me • SOFT CELL – Tainted Love • P.I.L. – This is Not A Love Song • DRAHDIWABERL & FALCO – Ganz Wien • MINISEX – Du kleiner Spion • DÖF – Codo (Düse im Sauseschritt) • ANDREAS DORAU – Fred vom Jupiter • IDEAL – Blaue Augen • GRAUZONE – Eisbär • NENA – Leuchtturm • UDO LINDENBERG – Sonderzug nach Pankow • SPIDER MURPHY GANG – Skandal im Sperrbezirk • KOTTAN'S KAPELLE – Rostige Flügel • JOE DOLCE – Shaddup Your Face • F.R.DAVID – Words • KOOL & THE GANG – Cherish • GRANDMASTER FLASH – The Message • TV Ansage • Russischkurs I werd' narrisch (Edi Finger sen.) • Die Abenteuer der Maus auf dem Mars • UDO JÜRGENS – 1000 Jahre sind ein Tag • Weißer Riese • Soletti • Iglo • Paradies der Tiere • Die Onedin Linie • Bonanza • Vandal • Ingelen • Wochenpresse • Persil TV1 • Persil TV 2 • Vera in Tritsch Tratsch

**CD Volume 3 erscheint im Frühsommer 2000. "Das wird Spitze !!!!"**

www.sonymusic.at   www.wickie.at   E-mail: willi_schlager@sonymusic.at

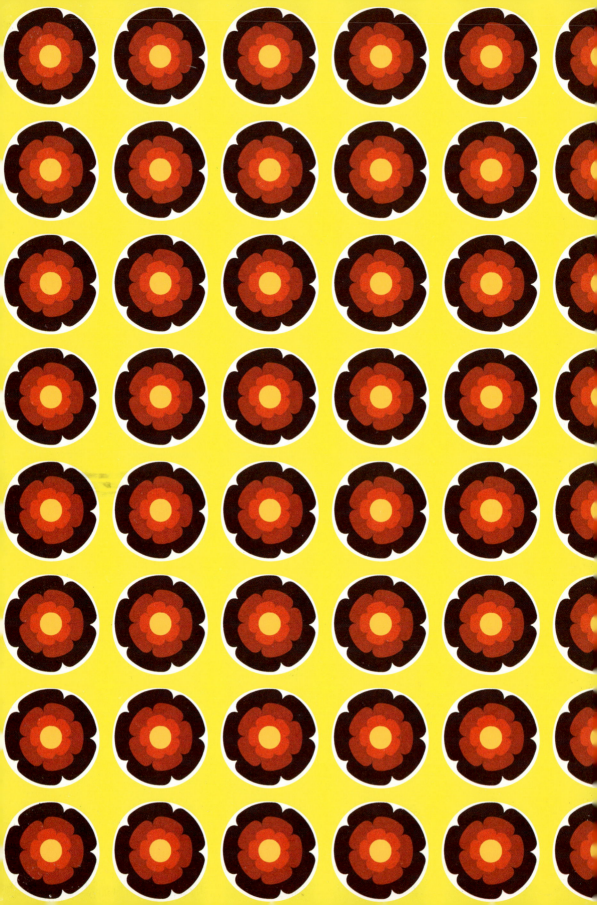